LES CONTEMPORAINS

LE DOCTEUR
LOUIS VÉRON

PAR

EUGÈNE DE MIRECOURT

PARIS
GUSTAVE HAVARD, ÉDITEUR
15, RUE GUÉNÉGAUD, 15

1855

L'Auteur et l'Éditeur se réservent le droit de traduction et de reproduction à l'étranger.

LOUIS VÉRON

PARIS. — IMPR. WALDER, RUE BONAPARTE, 44.

LOUIS VÉRON

G^{ve} HAVARD, Éditeur

LOUIS VÉRON.

Peut-être avez-vous parcouru six énormes volumes, ayant pour titre : *Mémoires d'un Bourgeois de Paris*, et signés par l'homme dont nous allons écrire les pittoresques aventures.

Si vous avez absorbé cette prose inqualifiable nous vous plaignons de grand cœur, d'autant plus qu'elle vous a nécessairement suggéré sur le compte du personnage nombre d'opinions qu'il serait à tout jamais regrettable de vous voir maintenir.

Le grotesque s'est pris au sérieux ; il a posé devant vous sous un faux jour.

Voilà qui n'est point admissible.

Nous supprimerons, en conséquence, d'un bout à l'autre de cette notice, les éloges que M. Véron s'administre sans gêne, et nous briserons la cassolette où il brûle sous son propre nez de la myrrhe et des parfums.

Une telle sévérité de notre part ne prouve en aucune sorte que le docteur ne soit point un homme célèbre ; mais il y a des célébrités de tout genre.

Louis Véron naquit le 5 avril 1798,

dans une arrière-boutique de la rue du Bac.

Son père était marchand papetier.

Trois mois après la naissance de cet enfant illustre, Napoléon gagnait la bataille des Pyramides, rapprochement qui n'aurait qu'une importance médiocre, si, le jour même où la nouvelle de cette victoire fut connue à Paris, M. Véron père, grand bonapartiste, n'eût débouché quelques bouteilles de vieux bourgogne, pour boire aux triomphes de l'armée française.

Il se versait un premier rouge-bord, quand tout à coup son héritier lui tendit les bras, exprimant ainsi, en vrai nourrisson rabelaisien, le désir très-formel de *humer le piot.*

— Bon signe! le gaillard saura vivre, dit le papetier.

« Gargantua, depuis les troys jusques à cinq ans, fut nourry et institué en toute discipline convenante, et celluy temps passa comme les petitz enfans du pays, c'est assavoir à boyre, manger et dormir; à manger, dormir et boyre; à dormir, boyre et manger. Toujours se vaultroit par les fanges, se mascaroit le nez, se chauffouroit le visaige, acculoit ses soliers, se mouschoit à ses manches, morvoit dedans sa soupe, patroilloit partout, ruoit très-bien en cuisine, et se frottoit ordinairement le ventre d'ung panier. »

Ces lignes de notre vieux Rabelais s'appliquent à merveille au jeune Louis.

A six ans, il buvait comme Bacchus en bas âge, mangeait comme un ogrillon, préférait à l'alphabet une cuisse de volaille, et prenait sans autorisation dans les armoires croûtes de pâté, massepains et confitures.

Sa famille commençait à redouter ces dispositions précoces à la bonne chère.

Voyant le jeune gastronome porter tout l'argent de ses menus plaisirs chez les pâtissiers du voisinage, elle lui prêcha la sobriété, l'économie, les habitudes d'ordre; mais, le poëte l'a dit :

> Chassez le naturel, il revient au galop.

Forcé de s'amender pendant les jours d'adolescence, notre héros attendit l'occasion de se rattraper sur la jeunesse et sur l'âge mûr.

Il fit ses classes au lycée impérial Louis-le-Grand, où il n'obtint pas le moindre accessit.

Comme tous les élèves qui n'aiment pas l'étude, Louis aimait autre chose. Il souriait, à quinze ans, d'un air scélérat, aux minois chiffonnés, aux tournures friponnes, aux cotillons faciles qui trottaient menu le long du quartier Saint-Jacques, et promettait déjà tout ce qu'il a tenu depuis.

Ses parents lui faisaient donner quelques leçons de musique.

Louis avait pour maître de violon un artiste attaché à l'orchestre de l'Opéra. Chaque jour il lui demandait comme une grâce de vouloir bien être son introducteur dans les coulisses du théâtre. Il obtint cette joie tant désirée, lorgna de fort près les danseuses en robes de gaze, aux jambes nues, aux provoquantes épaules, et s'alluma l'imagination d'une manière si condamnable, qu'il ose nous dire :

« J'enviais l'heureux sort de ceux que je voyais causer librement et familièrement avec ces dames [1]. »

A quinze ans!... Quelle déplorable précocité!

Pour attendrir filles et femmes, on sait que les poulets rimés ont une grande influence, et, dès cette époque, notre lycéen s'efforça d'entrer en relations avec cinq ou six jeunes poëtes, afin de prendre quelque teinture de la prosodie.

Les cénacles littéraires étaient déjà de mode.

---

[1] *Mémoires d'un Bourgeois de Paris*, tome III, page 330.

Un des principaux tenait séance rue de l'Ancienne-Comédie, chez le restaurateur Edon.

Malitourne et Amédée de Bast[1] le présidaient à tour de rôle.

Ce fut dans ce cercle lettré que se glissa le fils du papetier de la rue du Bac. Il eut l'honneur de dîner de temps à autre avec les trois Hugo, Eugène, Abel et Victor.

Prêtant aux lectures poétiques une oreille attentive, il s'exerçait à la rime en tapinois.

---

[1] Amédée de Bast est un de nos vétérans littéraires qui n'a rien perdu de sa verve. Il a publié récemment un livre fort remarquable intitulé : *Mémoires d'un vieil avocat.*

Enfin, il crut pouvoir s'accrocher à la robe des Muses, et composa des couplets saugrenus, qu'il chanta triomphalement, un soir, au dessert.

— Poésie nulle, indécence flagrante! dit Malitourne, haussant les épaules.

Sur un signe du président, Victor Hugo se leva, et lut une traduction magnifique d'un chant tout entier de *l'Énéide,* qui fit rentrer à cinq cents pieds sous terre le poëte grivois et ses couplets.

Un triomphe aussi douteux le dégoûta des vers ; il résolut de se réfugier dans la prose.

Depuis quelques mois il avait terminé ses classes, et la profession d'écrivain lui souriait beaucoup. L'horizon du journalisme se développait à ses yeux ; il voyait en perspective les comptes-rendus de théâtres et le bonheur de causer librement et familièrement avec ces dames.

Abel Hugo venait de fonder le *Conservateur littéraire*.

Véron le courtisa très-assidûment et paya de nombreux dîners à la rédaction, pour obtenir le droit de glisser quelques articles dans le nouveau journal.

Mais sa prose, hélas ! ne valait pas mieux que sa poésie.

Furieux de le voir se livrer à d'extravagantes dépenses pour arriver, comme dénoûment, à un four complet sur toute la ligne, M. Véron père lui ordonna de quitter la littérature et le retint à la maison en qualité de commis.

Voilà ce que notre facétieux *Bourgeois* s'est bien gardé de nous apprendre dans ses *Mémoires*.

Il vendit pendant un an du papier, des enveloppes, des crayons et des plumes, — des plumes surtout, à ceux qui savaient s'en servir.

Ce fut sa plus triste punition.

Elle dura jusqu'au jour où il s'engagea solennellement à ne plus écrire une seule phrase.

On lui propose alors d'étudier la médecine.

Il accepte ; mais afin de prévenir toute rechute littéraire, on le sèvre de menus plaisirs ; en sorte que, ne pouvant plus payer de dîners aux rédacteurs de journaux, il perd jusqu'à l'espérance d'insérer le moindre article.

Dès lors, nous le voyons se plonger résolûment dans les traités d'Hippocrate et dans la thérapeutique de Gallien.

La physiologie devient son étude de prédilection, surtout dans la partie spéciale qui a rapport aux organes des sens[1]. Il approfondit cette matière avec une persévérance tenace, comme un homme qui a l'intention d'exploiter plus tard toutes les ressources qu'elle lui signale; il se dédommage des privations du présent par la perspective des joies que lui offre l'avenir.

En face du traité des organes, Véron

---

[1] Voir le tome Ier du *Bourgeois de Paris*, page 204.

ressemble à un affamé qui dévore de l'œil l'étalage de Chevet.

Les docteurs Audity et Aumont, émerveillés de son aptitude, le félicitent et le protégent. On lui laisse entrevoir qu'il peut être admis comme professeur à la société des *Bonnes-Lettres*, établie sous la haute tutelle de M. de Chateaubriand, et dont le baron Trouvé dirigeait alors les rouages administratifs.

Apprenant que les cours de chaque professeur sont payés à raison de cent francs la séance, Louis est dans le ravissement.

Quelle aubaine! et comme monsieur son père sera bien venu à lui imposer des lois!

Mais un obstacle se présente.

La société des *Bonnes-Lettres* appartient à la congrégation. Pour être admis à y enseigner la littérature ou les sciences, il faut un certificat religieux, un brevet de piété; les fils de Voltaire en sont exclus.

Or, Louis Véron ne s'est pas fait remarquer jusque-là par ses inclinations dévotes.

Il se montre subitement touché de la grâce, fréquente les offices avec une régularité scrupuleuse, et le curé de Saint-Thomas d'Aquin, sa paroisse, donne sur lui les notes les plus édifiantes.

Une fois posé en bon chrétien, Louis va gratter l'oreille au père Michaud, rédacteur en chef de la *Quotidienne*, publie dans le pieux journal, en dépit des serments faits à la rue du Bac, deux ou trois tartines scientifiques, d'un style abominable, mais orthodoxe, et obtient d'être présenté au baron Trouvé, comme un des jeunes congréganistes qui promettent à la religion le plus ferme appui.

On l'accueille avec faveur.

Il rédige sans plus de retard un plan détaillé de sa méthode. Ce projet obtient le visa de la direction ; toutes les difficultés s'aplanissent, et voilà notre élève en médecine professeur aux *Bonnes-Lettres.*

Son cours de physiologie spécial aux organes des sens dura deux années entières.

Ce fut un beau temps, pardieu!

Le gousset garni de pièces d'or bénites, le jeune professeur se glissait dans les coulisses de tous les théâtres, causait librement et familièrement avec ces dames, et leur payait des soupers.... quels soupers! Il en donna par la suite de plus pompeux comme service, mais qui n'eurent, vous pouvez le croire, ni plus de verve bruyante, ni plus de joyeux décolleté, ni plus de raffinements sensuels.

On dit les soupers de Véron, comme on dit les dîners de Lucullus.

Après boire, on courait les brelans[1] et l'on jouait un jeu d'enfer. Il était vrai-

---

[1] «Dans l'année 1818, dit le *Bourgeois de Paris*, je passai d'une vie d'études sérieuses aux émotions du

ment impossible qu'une telle vie restât mystérieuse. Instruite ou non de ce qui se passait, la société des *Bonnes-Lettres* choisit un psychologue moins versé dans la pratique, et les saintes pièces d'or enflèrent le gousset d'un autre.

Cependant Louis n'avait point encore passé sa thèse.

Nous lui rendrons cette justice que la misère le ramenait au travail, ce qui ne prouve pas qu'il ait beaucoup travaillé dans sa vie, car il a presque toujours été riche.

Obligé de renoncer aux fins soupers, au trente et quarante et à ces dames,

---

trente et quarante. Pendant trois mois, je fus un joueur de profession.» (Tome I, page 268.)

il continua ses études de médecine et obtint d'être attaché comme externe au service des hôpitaux.

Ses parents le prenaient une seconde fois par la famine. On avait la cruauté de n'accorder qu'une pension mensuelle de vingt francs à un jeune homme dont les dispositions de viveur étaient si franchement accusées.

Le premier de chaque mois, jour où Louis touchait cette modique somme, il la mangeait tout entière et sans beaucoup de peine chez un restaurateur, à l'exception de ce qui lui était indispensable pour prendre le moka au *Café du Roi*[1], en compagnie d'une dizaine de

---

[1] Ce café faisait le coin de la rue Saint-Honoré et de la rue Richelieu.

vaudevillistes, ses anciens convives. Rentrant ensuite la poche creuse, il travaillait sans broncher pendant vingt-neuf jours, à moins que la vente d'un squelette ne lui permît, dans le courant du mois, une séance gastronomique aussi maigre que la première.

A l'hospice, il disséquait avec passion.

Tous les jours, il se levait à cinq heures du matin pour arriver avant les autres élèves et choisir son cadavre.

C'est ainsi qu'il parvenait à faire un petit commerce de squelettes assez lucratif. Lorsqu'ils étaient d'agréable forme et au grand complet, c'est-à-dire sans rupture d'ossements et sans côtes absentes, il les vendait dix écus, au plus juste prix.

Mais ce carabin matois avait un autre motif que la dissection pour arriver de bonne heure.

Quel motif? allez-vous demander.

Rien ne s'oppose à ce qu'on vous le dise, puisque lui-même n'en fait pas mystère : c'était l'amour.

L'amour dans un hospice! Et pour qui, miséricorde?

Pour une religieuse, pour une de ces saintes filles qui se consacrent au soin des malades, et dont la vie tout entière est un si merveilleux prodige de dévouement et d'abnégation.

Oui, ce fils du monde osait aimer une épouse du Christ!

Son regard profane, qui avait couvé l'épaule nue des Phrynés de théâtre, se glissait sous la guimpe et sous les coiffes pour y deviner les chastes attraits de la servante de Dieu.

La vieille sœur Cunégonde était heureusement fort attentive, et les poursuites du carabin ne jetèrent que fort peu de trouble dans l'âme de la jeune sœur Marguerite.

Mais la pauvre religieuse se trouvait compromise.

Elle fut envoyée par ses supérieures dans un couvent de son ordre, à Cayenne, et M. Véron se vit contraint de déguerpir tôt et preste de l'hospice de la Charité.

Toutes les phrases adroites dont il couvre cet épisode de ses *Mémoires* n'en laissent pas moins au fond de l'anecdote un remords pour lui, et, pour le lecteur, la conviction très-nette que l'amoureux de la sœur Marguerite a commis un acte essentiellement blâmable.

On envoie cet épicurien de naissance au service des *Enfants-Trouvés*.

Là, nous le voyons jouer un rôle analogue à celui de Sganarelle dans *le Médecin malgré lui*, en se livrant sur le lait des nourrices aux études les plus profondes.

Il varie cette occupation par l'autopsie des enfants mort-nés, et, — jugez du passe-droit! — lors d'un concours anatomique, les professeurs ont l'indélicatesse de ne pas lui décerner le prix, quand il a disséqué cent cinquante fœtus pour le moins, et analysé au fond d'une cuiller des gouttelettes extraites de plus de deux cents mamelles?

Cette injustice odieuse lui casse bras et jambes.

Dans son chagrin, il renonce aux nourrices et aux fœtus, bien décidé à priver l'art médical de ses explorations curieuses et à transporter dans le domaine de la pharmacie toute son ardeur pour les découvertes.

Il avait, depuis quelque temps, une idée merveilleuse, que sa vie décousue, fantasque, mélangée de journalisme et de science, allait rendre étonnamment féconde.

Las des procédés économiques de sa famille, et voulant ramener à lui les eaux fugitives du Pactole, il va trouver l'apothicaire Regnauld, rue Caumartin, lui fait envisager le nombre incalculable d'enrouements, de rhumes, de grippes, d'asthmes et de catarrhes qu'un climat morveux et de continuelles variations atmosphériques entretiennent chez nous avec persistance, et lui propose de s'associer pour l'exploitation de ces catarrhes, de ces asthmes, de ces grippes, de ces rhumes et de ces enrouements.

— Nous prendrons la France à la gorge, mon cher, lui dit-il, et nous l'obligerons à expectorer des écus.

— Tôpe! fit l'apothicaire.

Et voilà comment la pâte Regnauld prit naissance.

On entassa pêle-mêle dans un mortier tous les ingrédients susceptibles d'exercer une action bienfaisante sur les muscles pectoraux, et l'on en fit un amalgame d'un roux noirâtre, qui détrôna sur l'heure la réglisse, les juleps et les sirops.

Pendant que son associé découpait la pâte en losanges, Véron courut chez ses anciens amis du journalisme, auxquels il avait payé des dîners si remarquables, des soupers si voluptueux.

Il en obtint des réclames sans nombre et des annonces gratuites.

— Mon Dieu, leur disait-il avec une bonhomie plaisante, ce n'est pas pour moi; c'est pour un pauvre garçon de mes amis, un pharmacien *qu'a zévu des malheurs!* (Textuel.)

On ignorait alors l'immense effet de la publicité dans les journaux. Louis et son apothicaire eurent, au bout de la première année, un bénéfice de plus de cent mille francs.

La pâte Regnauld s'enlevait d'enthousiasme.

En attendant, notre associé pharmacien n'est pas reçu docteur. On blâme sa rancune au sujet du prix d'anatomie. L'or qui pleut dans ses coffres lui attire des protections ; il prépare sa thèse, et le voilà fils d'Esculape, saignant, purgeant l'espèce humaine, et fouillant la chair vive avec le scalpel.

Le tout par droit de diplôme.

Il eut, dès cette époque, groom et tilbury.

— Je n'irai donc plus à pied comme un maroufle, et je vais à mon tour éclabousser les autres, disait-il au docteur Bourdon de l'Académie de médecine, dans son naïf orgueil de parvenu.

La pâte Regnauld se vendait, se vendait!... jamais, au grand jamais on n'avait vu pareille vente.

Sur chaque boîte du précieux pectoral nos associés gagnent encore aujourd'hui trois cents pour cent.

Véron dédaignait, comme médecin, de se faire une clientèle. Il exerçait en amateur. Son camarade Ferdinand Langlé, le vaudevilliste, peut rendre témoignage d'une guérison miraculeuse opérée sur sa personne par ce cher Louis.

Se trouvant, un jour, indisposé gravement, il l'appelle au plus vite.

Ferré sur le système Broussais, alors très en vogue, Véron saigne une première fois le malade ; aussitôt une fluxion de poitrine se déclare. Il se hâte de faire une seconde, une troisième saignée, la fièvre augmente ; une quatrième, Ferdinand tombe dans le délire ; une cinquième, il est à l'agonie.

— Peste ! grommelle entre ses dents l'habile docteur, le mal s'obstine... Saignons toujours !

Il reprend sa lancette.

Une sixième, une septième, une huitième saignée laissent le vaudevilliste étendu sans mouvement et sans souffle.

Alarmé d'un pareil état, Véron se hâte d'appeler d'autres médecins, qui haussent les épaules, et s'en vont, disant :

— C'est un homme mort !

— Ah ! vous croyez cela ?... Corbleu ! nous allons voir ! s'écrie l'intrépide partisan de Broussais.

Pour la neuvième fois il pratique une saignée plantureuse, « *largâ venâ, largo vulnere,* » nous dit-il lui-même, afin d'humilier ce pauvre Janin par cette magnifique citation latine.

La veine ouverte épanche des flots rouges.

Tout à coup, ô prodige ! Ferdinand soulève la paupière. Bientôt il respire à pleins poumons, et, dès le soir même, il entre en convalescence.

Nous l'avouons, cette cure est fort jolie.

Mais pourquoi vous arrêter en si beau chemin, satané docteur? En saignant votre ami vingt ou trente fois, vous l'eussiez rendu immortel.

Ferdinand Langlé administre aujourd'hui les pompes funèbres. Le fabricant de couplets, devenu croque-mort, nous prêterait ses noires voitures, avec l'empressement d'un homme qui est certain de n'en avoir jamais besoin pour son propre usage.

Or, daignez ouvrir l'oreille, messieurs les chirurgiens, et tirez profit d'une autre cure non moins éclatante du docteur.

Une portière de son voisinage est prise de la plus abominable hémorrhagie qui puisse affliger un nez humain. Ni glace, ni colophane, ni poudre astringente, ni la clé traditionnelle fourrée dans le dos ne peuvent arrêter cette fontaine, ou plutôt ce fleuve de sang qui coule des narines de la malheureuse femme.

On fait venir l'illustre praticien Véron.

— Donnez-moi, dit-il, un simple morceau de linge.

Le mari de la portière lui présente un vieux mouchoir. Il le déchire, en fait deux tampons et bouche hermétiquement les fosses nasales de la malade, opération aussi simple que primitive, et dont la science chirurgicale avait jusqu'alors méconnu l'efficacité.

De pareils succès posent bien vite un homme.

M. Véron fut appelé à faire le service de chirurgien à la maison militaire du roi.

— Comment, nous demanderez-vous, le célèbre docteur a-t-il manqué de persévérance dans une carrière qui lui procurait de semblables triomphes?

Ah! c'est que le plus habile, ici-bas, fait des fautes et n'a pas constamment la main heureuse.

Un jour, notre héros est prié de se rendre, avec sa trousse, chez une fort belle personne qui, se fiant aux éloges unanimes du quartier, lui tend son bras mignon pour une saignée pressante.

Soit que l'impressionnable docteur fût ébloui par les attraits de la dame, soit que ce petit bras potelé dissimulât un peu trop l'artère sous une double enveloppe de satin, le coup de lancette, mal appliqué, n'amène point de sang.

Le praticien par excellence a manqué la veine.

— Maladroit! crie la dame furieuse, allez-vous-en!

Désespéré, confondu. blessé dans les fibres les plus intimes de son orgueil chirurgical et de son orgueil d'homme, Véron jure ses grands dieux qu'il ne fera plus de médecine sous aucun prétexte.

Il donne l'ordre à son concierge de renvoyer tous les clients, lors même qu'ils arriveraient en foule.

— Rien, Dieu merci, ne l'oblige à l'exercice de son art.

Le chiffre de sa fortune s'élève à plusieurs centaines de mille francs, grâce à l'héritage paternel qui est venu doubler son capital.

Et la pâte Regnauld se vend toujours.

Que lui manque-t-il pour être posé dans le monde? une place honorable, sinon lucrative. Il demande à l'école de médecine à être son bibliothécaire.

L'emploi se trouve vacant, pourquoi ne l'obtiendrait-il pas?

On le lui refuse, néanmoins, et l'on motive ce refus sur l'essor beaucoup trop scandaleux que le docteur donne à ses goûts mondains. La place est accordée à un congréganiste plus fidèle et dégagé de tout commerce avec les enfants du siècle.

Après un tel mécompte, Louis se décide à rompre en visière à la Restauration qu'il traite de bégueule et d'hypocrite.

Il jette la bride sur le cou à ses instincts sensuels, et le voilà parti, galopant ventre à terre dans le champ du plaisir.

Couronné de roses et la coupe aux lèvres, il demande à la vie ses joies les plus enivrantes, ses sensations les plus douces ; il nargue le rigorisme, devient le héros des parties fines, se proclame le roi des viveurs, appelle à lui ces charmants vauriens dont la capitale abonde, et célèbre avec eux le champagne et l'amour.

Le Café de Paris n'a pas assez de raffinements culinaires, assez de vins délicieux, assez de primeurs hâtives pour le palais délicat de notre héros.

Vrai Dieu! quelles bombances!

Et comme ces dames s'aperçoivent du retour du Pactole! On nage dans les diamants et dans la soie. Aucune loge d'actrice, aucun boudoir n'est fermé pour ce bon docteur. Il jette l'or par les fenêtres.

Mais la pâte Regnauld se vend toujours.

Louis a trente ans, il engraisse et prend du ventre.

— Ah çà! disent, en lui frappant sur l'épaule, quelques amis sensés, où allons-nous? Viveur tant qu'il te plaira; mais ce n'est point une profession, ce n'est point un avenir. Puisque la médecine te déplaît, fais autre chose. Cultive les belles-lettres, entoure-toi d'écrivains, sois un Mécène!

Inutile de dire que ces discours étaient tenus par des poëtes et par des journalistes.

Écrire, s'illustrer dans la littérature avait été la première passion de Louis. Jamais il n'était convenu avec lui-même de son incapacité de style.

Le voilà donc plein d'ardeur, embrassant l'horizon de la gloire des lettres dans sa plus large étendue.

De nombreux amis l'environnent.

Les Muses toujours pauvres chez nous, et même un peu mendiantes, le courtisent, le flattent, le caressent, prennent place à sa table.

Véron les accueille avec des airs de nabab. Il les tutoie, il se rengorge devant elles.

Cet Apollon comique les fait bien un peu rire sous cape ; mais, après tout, l'orgueilleux bonhomme possède le talisman qui leur manque. On pardonne au ridicule, quand, pour venir à vous, il traverse un pont d'or.

Et puis, là, vraiment, sur l'honneur, les dîners sont royalement servis.

Le vieux Michaud de la *Quotidienne* boit chez Véron du champagne à pleines rasades, et lui ouvre de nouveau son journal, avec la permission d'y rédiger, chaque semaine, une revue politico-littéraire, dont la plume de certains autres convives biffe les incorrections et répare les bévues.

Grâce à ces petites manœuvres, ignorées du public, Louis devient un personnage.

Martignac, le ministre ami de la presse, demande chez lui notre héros, lui fait des avances, et Véron, fier de l'accueil qu'il reçoit, menace d'éclater sous son épiderme qui se gonfle.

De la *Quotidienne*, il passe au *Messager des Chambres*.

Il y rédige les articles de théâtre, pendant que Janin débute dans le même journal par des articles politiques. Nos deux grands hommes, depuis, ont changé de rôle, pour le plus grand amusement de tous.

A cette époque heureuse, où le journalisme, fraternisant avec le ministère, avait su rendre en quelque sorte l'opposition officielle, paraît un beau matin la fameuse diatribe qui débutait ainsi : *De par Mirabeau !* etc.

Point de signature au bas de l'article. On l'attribue à Véron, qui n'en a pas écrit une ligne. Demandez plutôt à M. Capefigue. Ah ! vos amis avaient l'estomac reconnaissant, docteur !

Mais passons.

La bataille est commencée entre les romantiques et les classiques. Un homme de l'espèce de Véron devient une recrue précieuse, et les deux camps ennemis se le disputent. Il passe sous le drapeau romantique avec armes et bagages.

Dès lors, il songe à fonder un journal.

Toutefois, s'apercevant que le rôle de

Mécène devient onéreux pour sa bourse, et n'ayant qu'une médiocre confiance dans l'industrialisme appliqué aux lettres, il va trouver Aguado, ce prince des banquiers, dont les fils, qui n'ont pas comme le père le génie des largesses, viennent d'intenter, de nos jours, à M. Véron, un procès si injuste et si mesquin.

Fi ! messieurs !

Dix-huit cent mille francs de moins dans votre poche ou dans celle des autres actionnaires, quelle bagatelle ! Osez-vous bien pour si peu de chose tracasser ce pauvre docteur ?

Allons, allons, plus de dispute !

Ces dix-huit cent mille francs vont entrer, nous en avons la ferme espérance, dans la caisse de secours de la Société des gens de lettres ; car, si vous l'ignorez, nous pouvons vous l'apprendre, le docteur est aujourd'hui membre de cette société... Oui, messieurs !

Bien plus, il en est devenu l'un des principaux dignitaires... Oui, messieurs !

Et même, ne vous en déplaise, il lui a tout au plus manqué cinq ou six voix pour en être le président... Oui, messieurs ! oui, messieurs !

Que voulez-vous ? la Société n'est pas riche ; ces dix-huit cent mille francs, qui ne sont rien pour vous, elle les accepte. Le bon docteur n'a soutenu le procès que pour nous faire cette petite aumône, et si, par hasard, il ne nous donnait pas ces dix-huit cent mille francs, il vous les rendra, messieurs !

Il vous les rendra... c'est-à-dire...

Va-t'en, muse de Juvénal, et ne viens pas ici mal à propos nous tendre ton fouet de couleuvres ! Rentre les ongles et brise-toi les dents contre la lime. Tes clameurs nous étourdissent, ton courroux s'allume en vain, ton indignation nous fatigue....

Va-t'en ! va-t'en ! nous avons besoin de rire !

Aguado père consentit à être avec Véron la providence des lettres. Il lui donna quatre-vingt mille francs pour fonder la *Revue de Paris*.

Notre Mécène aussitôt d'emboucher le porte-voix et de crier à tous les hommes de plume :

— Venez ! la caisse est ouverte. Le

Mercure[1] ne paye pas vos articles, mon journal vous les paiera. Courage! à l'œuvre! Écus sonnants contre copie!

A cet appel métallique, à ce tintement de l'or, tous les littérateurs accourent et se rangent autour du gros homme.

Sainte-Beuve, Mérimée, Malitourne, Capefigue sont les principaux rédacteurs de la *Revue de Paris*. Une pléiade de jeunes écrivains se joint à eux, et, comme nous l'avons dit ailleurs, ce fut là que madame Sand, Alexandre Dumas, Eugène Sue, Balzac apportèrent leurs premiers essais.

Petits et modestes, ils écrivaient au grand Véron des lettres que celui-ci

[1] Seul journal littéraire de l'époque.

conserva précieusement pour les faire lire au public un jour.

Il était envers les débutants d'une impertinence rare.

George Sand, voyant qu'on avait placé très-mal un de ses articles dans la *Revue*, dit au rédacteur en chef :

— En vérité, monsieur, vous me prenez pour un *bouche-trou*.

— Comment donc, madame, au contraire ! riposta ce damné Véron, qui vivant dans une atmosphère d'esprit, finissait par en absorber quelques atomes.

Il était devenu si facilement un personnage littéraire, qu'il songea, dès lors, à se poser comme personnage politique.

La *Revue de Paris* donnait la main au

Figaro. C'était pour elle un frère d'armes. Les deux feuilles avaient les mêmes rédacteurs. On dînait ensemble, on s'enivrait de champagne et d'espérance.

Par malheur, le ministère Martignac tomba.

Dans sa chute se trouvèrent ensevelies les dernières libertés de la presse; et l'on décida au Café de Paris que le *Figaro* du lendemain paraîtrait entouré d'un large filet noir.

Cette heureuse idée avait pris naissance dans la cervelle de Véron, sous les fumées du vin d'Aï. Elle amena la saisie du *Figaro* en deuil et celle de Victor Bohain, son rédacteur-gérant, qui alla méditer sous les murs de la Force au danger de suivre les conseils du nabab.

Jamais ils n'ont rien valu au dessert.

On voit que notre ex-congréganiste était devenu constitutionnel, libéral et patriote en diable. Sa *Revue* obtenait un grand succès. L'argent des abonnés affluait dans la caisse; Véron gagnait des sommes folles.

Et la pâte Regnauld se vendait toujours.

Lorsqu'on eut remis en place les pavés de 1830, on agita la question de distribuer des récompenses aux mineurs intrépides qui avaient fait crouler le trône légitime.

Notre nabab et ses amis se trouvent au premier rang de ceux qui méritent les faveurs de la dynastie nouvelle.

— M. Véron, disaient les intimes du

château, n'est pas possible en politique. Voyons, que lui donnerons-nous?

Armand Bertin des *Débats* propose de lui accorder la direction de l'Académie royale de musique.

Justement, on cherche un homme hardi, entreprenant, roué sur la diplomatie de coulisses, un industriel qui dégage le pouvoir de tous les embarras. que lui donne l'administration du premier de nos théâtres lyriques, et M. de Montalivet se hâte d'appuyer la proposition d'Armand Bertin.

Louis est nommé directeur de l'Opéra. Niez donc son étoile.

Enfin! le voilà dans son véritable empire!

O filles de Vestris, troupe légère et folâtre, donnez à votre jarret ses plus élastiques ressorts, exécutez un pas triomphal, saluez par une triple pirouette le sultan qui vous arrive! Cantatrices, filez vos sons les plus doux, vos notes les plus cristallines, éclatez en roulades! Vous toutes, nymphes au vaporeux cotillon, volez à sa rencontre comme volent les zéphyrs; secouez autour du front de Louis vos gazes flottantes et vos fleurs! Rats de tous les prix et de toutes les nuances, frétillez, sautez, chantez, réjouissez-vous!

— Mon cher, dit Véron, dînant avec Aguado, le soir même du jour où sa nomination parut au *Moniteur*, j'ai cinquante mille francs disponibles, rien de plus. Complétez la somme nécessaire au cautionnement et je vous donne à l'Opéra grandes et petites entrées.

— Que faut-il? Énoncez le chiffre.

— Deux cent mille francs.

— Affaire conclue! dit le banquier. Passez à la caisse.

Une des plus grandes habiletés de Louis fut toujours de ne pas compromettre ses fonds personnels dans les affaires périlleuses.

Nous ne reproduirons pas les anecdotes saugrenues racontées par le docteur dans les chapitres qu'il consacre à son histoire directoriale.

C'est une application perpétuelle et peu décente de l'un de ses anciens cours.

Il vous parle avec un aplomb désolant de ces mœurs inqualifiables, dont la seule peinture est presque une offense à la moralité publique; il trouve des périphrases étranges pour tout représenter, pour tout décrire, même « les beautés qui se dérobent à l'œil de celle qui les possède [1]. »

Ah! fils d'Épicure, on te reconnaît! ta philosophie tout entière est dans ton style.

Une fois le cautionnement versé par Aguado, Véron prend en main le sceptre de son empire, et le gouvernement, pour s'épargner le tracas administratif, lui fait les concessions les plus larges.

[1] Tome III, page 287.

L'Académie royale de musique lui est livrée, taillable et corvéable à merci.

Nous ne savons plus quel habile notaire intervint pour la rédaction du traité que M. de Montalivet signa. Chacune des clauses de ce traité militait en faveur de Véron.

Jugez comme il trancha du monarque absolu!

Son premier acte d'administrateur fut de refuser *Robert-le-Diable*, ce qui nous donne tout d'abord une haute opinion de son flair musical.

Armand Bertin, comme on l'a vu plus haut, lui avait fait obtenir le privilége, et les *Débats* s'intéressaient beaucoup à Meyerbeer; mais Véron s'écriait, chaque fois que le rédacteur en chef lui parlait de la pièce :

— Morbleu! je ne puis cependant pas me ruiner par reconnaissance!

Désespéré de l'entêtement de ce gros homme, Bertin recourt à l'intervention du comte d'Argout. Celui-ci venait de rattacher l'intendance des théâtres à son ministère.

Il appelle l'autocrate Véron.

— Vous avez, lui dit-il, un traité signé de M. de Montalivet, traité fort en règle, mais auquel je désire pourtant certaines modifications..... Oh! fort peu de chose! ajoute-t-il, en voyant le directeur faire un geste de refus : deux ou trois détails relatifs aux décors, et je vous accorde pour cela une indemnité de cent mille francs..... Mais vous jouerez *Robert-le-Diable*.

Véron quitte le ministre et court chez Bertin, rue de l'Université.

— Mon cher Armand, lui dit-il, je sais que vous m'accusez d'être ingrat. Cette accusation me chagrine, et je ne reculerai devant aucun sacrifice pour vous prouver qu'elle est injuste. Je reçois la partition de votre virtuose ; mais, à compter d'aujourd'hui, nous sommes quittes !

Trois ans plus tard, Frédéric Lemaître oublia d'emprunter ce mot dans une pièce très-connue.

Donc, l'opéra de *Robert-le-Diable* est mis à l'étude.

On sait quelles énormes recettes il versa dans le coffre-fort de M. Véron. Pour avoir le total des bénéfices nets réalisés par l'heureux directeur, il faut monter au chiffre de six cent mille francs, sans compter l'indemnité ministérielle.

Et la pâte Regnauld se vendait toujours.

A la Chambre, on s'émeut de voir notre héros barboter comme un triton sur une marée d'or toujours grossissante.

— Quelle chose indigne! crient les députés : un directeur de l'Opéra qui devient millionnaire en moins de trois ans! c'est un scandale!

Véron sent venir la tempête.

Il s'abouche avec le petit Thiers, alors ministre, et lui insinue qu'il est prêt à se laisser donner un successeur.

— Vraiment?... vous avez sans doute quelqu'un à m'offrir? demande Pichrocole, sur un ton rogue.

— Oui, je vous offre Loëwe-Weimar.

— Ah! ah! ce journaliste mordant, qui publie tous les jours un nouvel article contre moi? C'est une proposition de paix et de silence.... Prenez donc un siége! dit avec affabilité l'imperceptible ministre; qui jusqu'alors avait laissé Véron debout.

Chacun devine le reste.

On arrange, séance tenante, sous le manteau de la cheminée, une gentille combinaison.

Notre directeur se démet de sa charge avec une indemnité fort raisonnable. On nomme Loëwe-Weimar et Duponchel à sa place ; puis, un mois après, le journaliste se retire à son tour avec une épingle de cent mille francs.

O philistins ventrus, engraissés dans les plaines fécondes du budget, voilà de vos histoires!

Si l'on tient compte de sa fortune antérieure, Louis avait deux millions en poche, en quittant l'Opéra.

Pour reconnaître l'inappréciable avantage de ses grandes et petites entrées, qu'il conservait toujours [1], Aguado le guidait de sa vieille expérience dans une multitude d'opérations de Bourse

---

[1] Véron les maintint à perpétuité pour lui et pour son ami. Ce fut une des conditions de sa retraite.

fort lucratives, qui enflaient de plus en plus le ventre du dieu Plutus.

Comme il le dit fort élégamment lui-même, le docteur avait vu les coulisses de la science, les coulisses du monde, les coulisses de la littérature, les coulisses de la Bourse et les coulisses du théâtre ; il ne lui restait plus à connaître que les coulisses de la politique.

Mais, pour escalader quelques échelons du pouvoir, il faut paraître dangereux aux personnages qui tiennent le haut de l'échelle.

Que fait notre homme ?

Sachant que par lui-même il inspire de médiocres terreurs, il ouvre la *Revue de Paris* à deux battants au chef le plus redoutable de l'opposition radicale et reproduit dans chaque numéro les articles agressifs d'Armand Carrel[1]. En même temps il prépare sa candidature législative, achète en Bretagne un vieux manoir avec ses dépendances, prend la poste, se présente aux électeurs de Landernau, les flatte, les comble de promesses,

[1] Pour absoudre le docteur de ses péchés d'opposition sous la monarchie de Juillet, le *Constitutionnel* dit : « Que M. Véron agissait de la sorte, parce qu'il croyait Louis-Philippe inébranlable. » L'excuse est délicieuse. Un individu vous frappe d'un couteau, et s'écrie, voyant saigner la blessure : — Mille pardons! je vous croyais trempé dans le Styx! Où est la différence? La dynastie d'Orléans avait nommé M. Véron chevalier de la Légion d'honneur. Il a reçu depuis la croix d'officier. Tout récemment le *Moniteur* lui a donné l'autorisation de porter en sautoir cinq ordres étrangers. Le docteur Véron est, après Alexandre Dumas, l'homme le plus crucifié de notre époque.

n'obtient pas leurs votes, et se trouve supplanté par M. de Las Cases.

O facétieux Bretons! que vous avez dû rire de votre seigneur châtelain et de sa mine déconfite !

Revenu à Paris, Véron se consola de son échec au milieu des douceurs de la cuisine.

Ce fut à cette époque de plaisirs gastronomiques et autres, que M. Charles Nisard, peintre de mœurs aussi délicat parfois et aussi profond que la Bruyère, traça le curieux portrait que voici :

Modeste achevait son dîner au Café de Paris. Le fruit venu, il tire nonchalamment sa montre et voit l'heure.

Tout à coup il s'élance comme un tourbillon du fond de la salle, coudoie les garçons, heurte les tables et frappe de stupeur les assistants. Son laquais qui l'attend au dehors, en haut de l'escalier, se précipite à son tour, et maître et valet font assaut de vitesse. Celui-ci arrive le premier à la portière de la voiture, il l'ouvre, *Modeste* s'y jette à corps perdu.

Les chevaux partent comme l'éclair. En moins de deux minutes, *Modeste* est à la porte d'un théâtre.

Il entre par les derrières, monte un escalier tortueux, traverse les couloirs sombres, et le voilà sur la scène. Un essaim de sylphides, de bayadères et de péris l'entourent, le félicitent, s'informent de sa santé et lui caressent la barbe, en l'appelant des noms les plus tendres.

Modeste est sans doute le père ou l'amant de toutes ces femmes?

Le père, il pourrait l'être; l'amant, il le fut ou le sera, si, comme il en a le désir, il en a la puissance.

Après avoir étudié la médecine, pratiqué

la pharmacie, composé des électuaires, inventé des juleps, coiffé la toque magistrale, fondé des journaux sans y avoir jamais écrit, revêtu tous les costumes et joué tous les rôles avec un succès qu'on ne s'explique pas encore, il s'est trouvé assez entendu pour gouverner des actrices ; il en a brigué le privilége, et il l'a obtenu. Ce fut pour lui la poule aux œufs d'or ; seulement plus habile que le rustre de la fable, il la laissa vivre, en facilitant toutefois avec mesure et discernement ses dispositions à la fécondité. Mais enfin, au bout de trois ou quatre ans, la couveuse était épuisée : pour lui, il s'était enrichi.

Il céda la place à un successeur qui y mit du sien : c'était son affaire.

Maintenant *Modeste* vit de ses rentes ; il prend son temps à table, et le bruit court qu'il y digère.

Le soir, il apparaît un moment au théâtre et il n'y fait pas moins de sensation qu'un prince, si même il n'en fait pas davantage. Renversé dans sa loge et comme écrasé par sa propre importance, il soulève péniblement un monstrueux télescope, le braque sur la rampe et lorgne audacieusement les femmes qui se détournent épouvantées.

Il n'y a pas quinze jours encore, la politique lui sourit.

C'était bien le moins que le Palais-Bourbon pour un homme de sa sorte. Il voulait représenter le peuple, quelle bonté! et de tous les cantons de France, il choisit le plus obscur, pensant bien, direz-vous, qu'il le rendrait célèbre.

Il régla son train, ne mit que quatre chevaux à sa chaise, et partit.

Les provinciaux grossiers ne voulant pas pour mandataire d'un homme qui, au témoignage irrespectueux de son antagoniste, s'était enrichi en montrant des marionnettes, il vit passer le mandat aux mains de son rival, et fut éconduit.

Surpris d'être méconnu, et craignant d'avoir tenté la fortune, il devint presque philosophe. Sa conversion ne tint pas longtemps.

Ne pouvant cuver son orgueil, il l'épancha au dehors. Aujourd'hui il fait pâlir les plus fastueux par son luxe effréné, les moins retenus par le dégingandé de ses mœurs, les plus cossus par l'exubérance de ses habillements. Il ne dépense pas son argent, il le sème; il lui importe qu'on le croie riche et on le croit richissime. L'opinion publique en a pour garant son étalage. Ses voitures sont splendides, et ses livrées à l'unisson de celles d'un ambassadeur.

Pour comble de scandale, *Modeste* a des courtisans. Il est vrai qu'ils ne sont pas des plus fins, et qu'ils aiment sa table plus que lui; mais il s'en accommode, il les ménage, il les voiture, ne fût-ce que pour faire honte aux petites gens qui vont à pied.

Il ne manque plus à *Modeste*, pour faire douter des dieux, que de se ruiner et de refaire sa fortune; *Modeste* se ruinera et refera sa fortune [1].

---

[1] Ces pages curieuses sont extraites d'un livre intitulé *Camera lucida*, publié en 1845.

Déjà Dantan jeune avait donné au public un autre portrait de Véron.

Bien certainement, de tous les petits plâtres que vous savez, c'était le plus grotesque, le plus spirituel et le mieux conçu.

Le docteur, en garçon pharmacien, manches et tablier retroussés, portait sur ses épaules une seringue en sautoir. A ses pieds dansaient des bayadères, et le socle se composait d'une multitude de cœurs percés de flèches.

Aujourd'hui cette charge est extrêmement rare.

Sur cinq cents exemplaires tirés, l'ex-directeur de l'Académie royale de musique en acheta quatre cent quatre-vingt-quinze, avec le moule.

Véron déploya donc, à son retour de Bretagne, ce luxe effréné dont parle M. Nisard. Nouveau Jupiter, on le vit descendre en pluie d'or, nous n'osons dire chez combien de Danaés ; toutefois, puisqu'il le crie lui-même aussi haut que possible dans ses *Mémoires* [1], nous pouvons dire qu'il tomba chez mademoiselle Rachel.

Seulement ce ne fut pas une pluie, ce fut une véritable averse d'or.

Quand Jupiter voulait fermer le nuage, on s'arrangeait pour qu'il plût toujours.

Du reste, nous trouvons dans la my-

---

[1] Tome IV, page 230 et suivantes.

thologie une vieille chronique, dont nos beautés modernes s'appuient quelquefois, uniquement pour se donner le plaisir de changer la fable en histoire.

Un matin, la fille cadette d'Acrisius [1] entre chez l'amant olympien, y trouve son aînée, et s'écrie, en pleurant et en s'arrachant les cheveux :

— Miséricorde! quelle catastrophe!... Danaé, ma chère, nous sommes perdues!

— Là ! là ! qu'y a-t-il? Expliquons-nous... Pourquoi ce désespoir? balbutie Jupiter, passant entre les rideaux de l'alcôve sa face endormie.

---

[1] Nous sommes les premiers peut-être à apprendre à nos lecteurs que le roi d'Argos avait plusieurs filles.

—Voyons, parle, murmure timidement Danaé, s'adressant à sa sœur.

— Hélas! on vend tes meubles! les huissiers emportent tout chez toi [1]!

— Mais c'est impossible, chère belle, dit Jupiter en se tournant vers Danaé ; je vous ai donné trente mille francs [2] il y a deux jours.

— C'est vrai; mais je devais bien davantage, répond piteusement la charmante personne sur laquelle était tombée cette pluie financière.

— Allons, combien faut-il? demande le roi de l'Olympe.

[1] Il paraît que les huissiers sont d'origine très-ancienne.

[2] On avait cru jusqu'ici que le *franc* était une monnaie moderne; c'est une grave erreur. On verra bientôt que les billets de banque eux-mêmes, ainsi que le meuble où on les serre ordinairement, étaient déjà connus.

— Il faut dix mille francs, répond la sœur de Danaé.

— Peste! quel gouffre!... Enfin n'importe. Ouvrez le secrétaire, et prenez la somme.

Tout en parlant ainsi, Jupin tendait une clé.

La seconde fille d'Acrisius fouille dans le meuble qu'on lui indique, trouve des billets de banque, les compte scrupuleusement, en fait un rouleau, et rapporte la clé au dieu bienfaiteur.

— Merci, dit-elle.

— Bon voyage! dit Jupiter.

Notre sœur matoise quitte la chambre; mais rouvrant presque aussitôt la porte, elle crie au maître de la foudre :

— Je ne sais pas au juste ce que réclament les huissiers. Il y avait dans le secrétaire vingt mille francs... Ma foi, je les ai pris, à tout hasard... Nous compterons!

Elle referma la porte et disparut.

Certes, le dieu n'était pas homme à se formaliser de cette petite espièglerie. A part le désagrément d'être réveillé avant l'heure, peu lui importait que l'averse ordinaire tombât plus ou moins fort.

Il tourna la tête sur l'oreiller et se rendormit.

Entre Hermione et le nabab il n'y eut évidemment aucune histoire de ce genre.

Très-souvent ils étaient en querelle, mais les réconciliations s'opéraient toujours.

Un soir, le docteur se fâcha d'une façon

très-sérieuse, et, comme on annonçait mademoiselle Félix, au moment où il dînait avec Nestor Roqueplan et quelques amis :

— Dites que je n'y suis pas ! cria-t-il. Ma maison ne recevra plus à l'avenir que des gens... bien élevés.

— Ah ! fit Nestor, reculant sa chaise et jetant sa serviette, il fallait donc nous prévenir que c'était un dîner d'adieu !

Cette spirituelle saillie amusa beaucoup les convives.

Le docteur désarmé consentit à une dix-neuvième réconciliation avec mademoiselle Rachel, qui entra et fut proclamée reine du festin.

Au bout de deux ans de cette folle et délirante existence, Véron se prit à réfléchir.

« Je m'ennuyais beaucoup, dit-il dans ses *Mémoires,* et je sentais que je n'étais pas né pour la vie contemplative. »

La *vie contemplative* nous semble un trait charmant. Nous eussions préféré la *vie ascétique ;* mais ne chicanons pas sur les mots.

Un des amis de Véron, attaché à la faculté de droit, M. Poncelet, lui dit un jour :

— Il faut varier le plaisir d'un peu de travail, autrement il mène très-vite à la fatigue et au dégoût. Suis mon exemple. Je consacre quotidiennement cinq ou six heures à l'étude, ce qui ne m'empêche pas tous les soirs de venir saluer comme toi ces dames du corps de ballet.

— Mais, dit Véron, qu'étudierai-je ?

— Étudie Cujas et Pothier. Tu es déjà

docteur en médecine, fais-toi recevoir licencié en droit. On oubliera le directeur de théâtre pour ne plus voir que l'homme sérieux ; tes ennemis politiques auront bouche close. D'ailleurs, je serai là au moment des examens, et je te garantis la bienveillance des autres professeurs mes collègues.

Notre héros trouva le conseil très-sage.

Il prit ses quatre premières inscriptions et vint résolûment s'asseoir, au bout de l'année, en face des examinateurs.

M. Poncelet tint sa promesse.

On n'adressa que des questions élémentaires à notre étudiant suranné ; mais chacune de ces questions le vit tour à tour ânonner, balbutier, répondre de travers, ou ne pas répondre.

— Pourriez-vous, lui demanda-t-on en dernier lieu, nous citer un des rédacteurs du Code civil?

Véron se gratta la tête. On lui soufflait de toutes parts :

— Tronchet ! Tronchet !

Il entendit mal et répondit avec un aplomb merveilleux :

— Duponchel !

C'en était trop. L'auditoire, les examinateurs et M. Poncelet lui-même partirent d'un éclat de rire homérique. Il n'y eut vraiment pas moyen de recevoir l'excellent docteur.

A dater de ce jour, il renonça pour jamais à l'étude des lois.

Déjà le *Constitutionnel* avait M. Véron pour actionnaire. En s'insinuant dans ce journal, il espérait conquérir une importance politique ; mais il se heurta par malheur à un autre actionnaire, fort têtu et puissamment riche, qui déjoua toutes ses intrigues et poussa, dit-on, l'impertinence jusqu'à le traiter comme un valet de comédie.

Ce terrible homme avait nom Roussel.

On réussit à l'écarter des bureaux.

Véron, stimulé par M. Thiers, qui, dans une débâcle ministérielle, avait perdu son portefeuille, acheta le vieux journal patriote, juste au moment où il se mourait de consomption.

Fidèle à son système, le docteur ne le paya qu'à demi de ses propres deniers.

M. Thiers lui prêta cent mille francs, afin d'avoir le *Constitutionnel* à ses flûtes.

Chaque matin, Louis assistait, rue Saint-Georges, au petit lever de Pichrocole, et le nain politique, tout en se rasant le menton, lui dictait le sens des articles du jour.

Véron n'avait plus qu'à transmettre le mot d'ordre à la rédaction.

Thiers, redevenu ministre, devait payer ces complaisances et couvrir le docteur de son patronage. Mais c'était la vieille histoire du chat et du singe.

Une fois les marrons cuits, Raton, qui venait de se brûler la patte pour les extraire des cendres, n'en mangea pas un seul.

L'emploi de directeur des Beaux-Arts, premier marron, lui échappa comme il allait le saisir, et la sous-préfecture de

Sceaux, deuxième marron très-appétissant, lui passa sous le nez. Enfin, une excellente recette dans le département de l'Orne, troisième marron plus gros que les deux autres, n'arriva point sous la dent de ce pauvre docteur.

M. Thiers faisait naître en dessous mille obstacles.

Quand son protégé, poussé à bout, le somma de tenir parole et de lui donner cette place honorable si solennellement promise, on sait quelle fut l'impertinente réponse du Tom Pouce ministériel [1].

Véron furieux n'osait pas attaquer le pouvoir. Il rongeait son frein.

La politique se conduisant à son égard

[1] Voir la biographie de M. Thiers, page 86.

en sournoise, il résolut de lui rendre la pareille, et ce fut alors qu'il acheta le *Juif errant* à M. Eugène Sue.

Pour mieux exercer sa rancune, Louis n'hésita point à infester le pays de socialisme.

Il en a fait, depuis, son *meâ culpâ* [1].

Mais, en attendant, le livre dangereux

---

[1]. Tout le monde se rappelle cette fameuse histoire du *Bon jeune homme*, publiée par Véron dans le *Constitutionnel*, et qui désopila si joyeusement la rate des lecteurs. Il s'agissait d'un étudiant en médecine, perdu par les théories socialistes. Ce malheureux poussait la démoralisation jusqu'à s'abonner au *Père Duchesne*. Un matin, le concierge de la maison se trompe de journal et porte à l'étudiant un numéro du *Constitutionnel*, appartenant à un autre locataire. Il y avait dans ce numéro un article de Véron, qui opéra sur le *Bon jeune homme* une nouvelle conversion de saint Paul, et le carabin courut prendre en toute hâte un abonnement rue de Valois (60 francs, écrire franco). Ayez, après cela, le courage de reprocher le *Juif errant* au docteur!

se lit encore d'un bout de la France à
l'autre. La drogue est vendue, vous l'avez
dans les entrailles; débattez-vous avec
le poison. Ceci ne nous regarde plus.

Simple raisonnement de pharmacien.

Le docteur, avec ce petit péché
social, gagna sept à huit cent mille
francs, grâce à la multitude prodigieuse
d'abonnés qui vinrent s'inscrire au *Constitutionnel.*

Et la pâte Regnauld se vendait toujours.

De même qu'il est convaincu d'avoir
fait avec ses amis la révolution de 1830,
M. Véron peut se flatter d'avoir très-joliment frayé la route à celle de 1848.

Il salua l'émeute avec un certain plaisir.

Un article d'alors nous apprend même

qu'il loua tout exprès un logement rue de Rivoli pour la *voir passer.*

Ce logement, notre héros l'habite encore aujourd'hui.

Vous trouverez là ce cher docteur trônant au milieu des trésors du luxe, ayant sous la main les mille et une ressources du confortable, et se pavanant dans son logis de prince avec la burlesque dignité qui le caractérise.

On ne pénètre jusqu'à son illustre personne qu'après avoir été toisé des pieds a la tête par l'œil sévère et vigilant de mademoiselle Sophie, le type le plus curieux de gouvernante qu'un peintre de mœurs puisse saisir.

Mademoiselle Sophie porte encore le bonnet aux tuyaux longs et droits.

Elle dit *notre* appartement, *nos* meubles. Sur sa maigre et sèche figure est empreint le cachet le plus absolu de l'autorité domestique. On voit que, de date immémoriale, elle est honorée de la confiance du maître, et malheur à celui qui la prendrait pour ce qu'elle n'est pas, c'est-à-dire pour une subalterne vulgaire !

Tout le pouvoir du logis se concentre dans ses mains.

Le docteur n'est chez lui qu'un simple roi constitutionnel : il règne et ne gouverne pas.

Quand mademoiselle Sophie vous a bien toisé, vous a bien flairé, quand elle a reçu vos salutations et que vos marques de respect lui ont fait voir la conviction profonde que vous avez de son importance, elle vous introduit dans le sanctuaire.

Bientôt vous voyez entrer, d'un pas alerte, un homme assez grand, fort gros, à l'œil bleu et ouvert, à la mine tout à la fois joviale et résolue.

Il semble retenir difficilement une envie de rire, en se voyant sérieux.

Cet homme a le front dégarni, la face rouge, et un petit nez court, qui sort de ses énormes joues luisantes, comme une excroissance bouffonne et intempestive.

On dirait d'un poupard qui, sans changer d'expression de visage et conservant ses traits enfantins, aurait acquis tout à coup, en un clin d'œil, comme dans une féerie du Cirque, la taille et le développement d'un homme.

Un collier de barbe rare et jaune entoure cette face singulière.

Des cheveux plus rares et plus jaunes encore croissent sur la nuque du docteur, comme des plantes timides dans un jardin dépouillé.

Louis Véron et Louis Veuillot n'ont jamais cru nécessaire de laisser reproduire par la photographie, par le burin ou par la peinture, leur illustre visage.

C'est un tort dont nos derniers neveux pouvaient un jour se plaindre.

Heureusement notre libraire y a mis bon ordre.

Un de nos plus habiles artistes, M. J.-A. Beaucé, dont le spirituel et fin crayon ne connaît pas d'obstacles, a saisi au vol ces deux figures rétives, et nous les a dessinées avec une vitesse incomparable, avec un art merveilleux.

Le temps de souhaiter le bonjour au docteur, et le docteur était pris.

Le temps de saluer Louis-Jésuite, et Louis-Jésuite était croqué.

Revenons à l'histoire de 1848.

Imitant Girardin dans la *Presse*, Véron cria de toutes ses forces dans le *Constitutionnel* : « Confiance! confiance! » Il traita les riches de niais et de poltrons, les blâma sévèrement d'enfouir leurs écus ; puis, joignant l'exemple au précepte, il alla chez Froment-Meurice commander un service de table magnifiquement ciselé.

Car la pâte Regnauld se vendait toujours.

On doit dire, à l'éloge du docteur, que Girardin eût été incapable d'un trait pareil. Jamais Émile ne pousse ses doctrines à des conséquences ruineuses pour sa bourse.

Nous renvoyons au sixième volume des *Mémoires* ceux de nos lecteurs qui désirent connaître la conduite politique du *Bourgeois de Paris* depuis Février.

Seulement, quand il parle de son importance énorme, de ses visites au général Cavaignac, de ses relations avec l'Élysée, rappelez-vous la mouche du coche, et le triste dénoûment de l'histoire de Michel Morin :

De branchâ in brancham degringolat, atque facit pouf!

Ce latin ressemble à celui de Molière : il ne se traduit pas.

Le *Charivari*, ayant eu l'indélicatesse de douter un seul jour du désintéressement politique du docteur et de le baptiser du nom de *Fontanarose*, reçut de la férule de Thémis un coup très-rude.

Soufflant sur ses doigts, il regarda le gros homme de travers.

Puis, laissant de côté le sobriquet de *Fontanarose*, il y substitua l'appellation bouffonne de *Mimi*, pour désigner son persécuteur.

Grâce au malin journal, *Mimi* Véron passera sous ce titre à la postérité la plus reculée.

Somme toute et pour en finir, on regarde en politique ce pauvre docteur comme une queue rouge, et jamais on ne lui confie de rôles sérieux.

Voilà ce qui le désespère.

Appelé au corps législatif par la circonscription électorale de Sceaux [1], il ne se montre pas content de ce premier succès, et jure, coûte que coûte, d'arriver à une position plus haute.

Ce diable d'homme vise au ministère, ou tout au moins au sénat.

Réfléchissant, un beau matin, que la littérature, en bonne fille, lui a tenu jadis l'étrier, le gaillard se décide à la mettre une seconde fois à contribution pour ses manœuvres ambitieuses.

---

[1] M. Véron parcourut lui-même les bourgs et les villages de la banlieue, versant à boire à ses électeurs avec une cordialité touchante. Comme il n'avait pas le don d'ubiquité, il commit plusieurs agents au soin de chauffer sa candidature. Il en résulta plus tard un procès curieux avec l'un de ces agents. Véron fut condamné à payer à celui-ci la moitié de la somme qu'il réclamait.

« — Ah ! vous m'arrêtez sur la route ! s'écrie-t-il ; ah ! vous m'enlevez la proie pour me laisser l'ombre ! eh bien, nous allons voir ! J'ai touché de près aux personnages les plus considérables du pays, j'ai entretenu avec eux des correspondances ; on saura que j'ai tout vu, que je me suis trouvé partout, que j'ai prêté l'épaule à tout le monde. Rosman, ce cher Rosman, et Gérin, le caissier des fonds secrets, me fourniront des notes précieuses. Je publierai leurs *Mémoires* et non les miens, qu'importe ? Boniface du *Constitutionnel*, mon ami dévoué, me prêtera sa plume ; j'accoucherai, par le flanc des autres, de six tomes enflés de pages ; on me recevra de la Société des gens de lettres, qui est une puissance intellectuelle, une puissance terrible, pour peu qu'on sache la mettre en œuvre ; mes dîners d'autrefois séduiront ces écrivains toujours affamés ; ils me nommeront sociétaire, membre du comité, président... »

Halte-là, Véron, notre ami!

Comme vous y allez, tubleu! ne vous échauffez pas de la sorte; reprenez haleine, et causons de nos affaires.

Président de la Société des gens de lettres! y songez-vous? et à quel titre, juste ciel? parce que vous avez des millions?

Mais ces millions-là mêmes vous condamnent.

A bas l'industrialisme! à bas tous ces Turcarets de nos jours qui réalisent la maxime fameuse du chef de la doctrine : « Enrichissez-vous! enrichissez-vous! » Cette phrase impudente, vous l'avez acceptée pour devise ; vous vous êtes enrichis, fort bien! Gardez votre or! Mais ne venez pas, fils de Baal, nous demander la sanction de votre idolâtrie. Laissez-nous notre pauvreté, laissez-nous notre indépendance ; nous n'avons pas suivi la même route... Arrière!

M. Véron, Dieu merci, n'est point nommé président des gens de lettres.

La candidature de l'élégant auteur de *Picciola*, de M. Saintine, a prévalu.

C'est quelque chose, docteur.

Mais vous appartenez encore au comité, c'est trop pour nous.

Afin d'accorder nos actes avec nos

principes, nous avons, en votre présence même, donné notre démission. Pour être juste à votre égard, nous avions besoin de ne pas écrire la biographie d'un collègue.

Voilà, s'il vous plaît, une conduite un peu romaine, qu'en dites-vous?

Depuis sept ans nous étions réélu par nos confrères; le sacrifice a été dur, qu'importe? nous n'avons pas hésité une seconde. Si jamais nous redevenons dignitaire de la Société des gens de lettres, ce sera le jour où vous aurez cessé de l'être.

Outre son domicile de la rue de Rivoli, M. Véron possède une délicieuse maison de plaisance, où nos anciens collègues iront dîner sans nous.

Grand bien leur fasse!

Le docteur est un amphitryon fort aimable. Il conserve son vieil estomac rabelaisien; ses caves sont pleines; les sauces de son cuisinier sont exquises....

Et la pâte Regnauld se vend toujours.

P. S. On nous annonce, au moment où nous mettons sous presse, que M. Véron vient de faire à la Société des gens de lettres un petit cadeau de dix mille francs, avec promesse d'une somme pareille pour 1856. En ce cas, il sera président l'année prochaine, et vous le verrez franchir l'ornière électorale avec son fameux pont d'or. Bravo, docteur! Mais cela ne fait toujours que vingt mille francs, et nous sommes loin de dix-huit cent mille. Allons, un peu de courage à la poche! comme disent les saltimbanques.

FIN.

Monsieur !

Votre suffrage est d'un grand prix pour moi. J'ai fait bien peu de chose pour vous et vous faites beaucoup pour moi, je vous en remercie ; je n'ai point été gâté par la reconnaissance. On se console [...] des mauvais procédés, lorsqu'on rencontre des gens de talent et d'esprit gardant la mémoire des bonnes relations, empressés à vous soutenir et à vous obliger. Votre lettre m'a beaucoup touché, et j'éprouve le besoin de vous le dire, en vous exprimant mes meilleurs sentiments.

Véron

12 Juin 1854

(Cette lettre est adressée à M. Frédéric Thomas, Avocat à la Cour Impériale.)

Imp. Lith. de V. Janson, rue Dauphine 16.

www.ingramcontent.com/pod-product-compliance
Lightning Source LLC
LaVergne TN
LVHW050637090426
835512LV00007B/896